Male für jede Seite, die du bearbeitet hast, einen Stern aus! Viel Freude!

1	2	3	4	5	6	7	8	9	10
11	12	13	14	15	16	17	18	19	20

				6					
	12							19	

Zahlenreihe bis 20

$10 + 0 = 10$

$10 + 3 = $ ☐

$10 + $ ☐ $ = $ ☐

$10 + $ ☐ $ = $ ☐

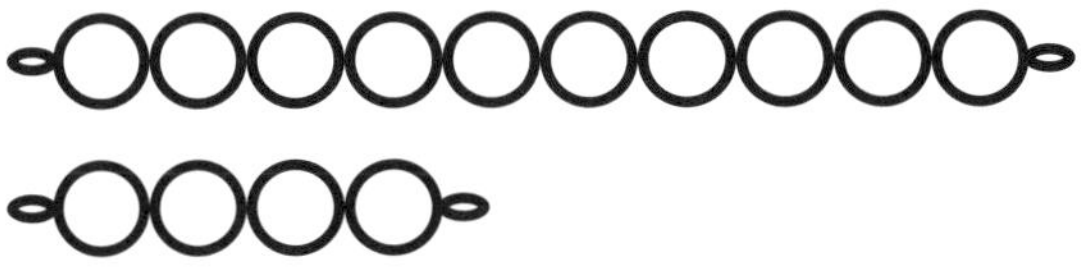

$10 + $ ☐ $ = $ ☐

$10 + $ ☐ $ = $ ☐

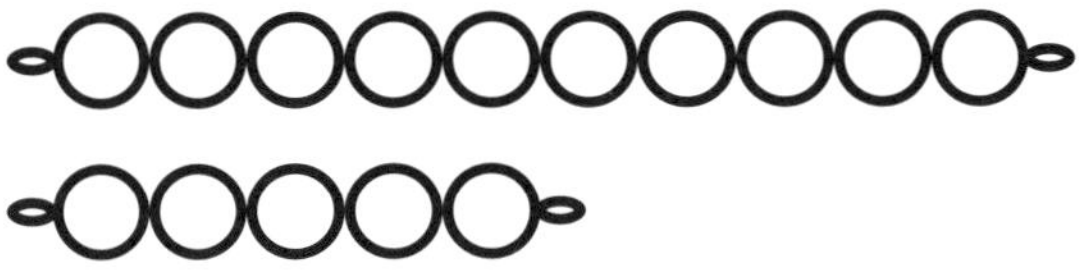

$10 + $ ☐ $ = $ ☐

$10 + $ ☐ $ = $ ☐

9 10 11

2

15

5

20

17

4

18

16

8

Vorgänger / Nachfolger / Nachbarzahlen im Zahlenraum bis 20

Vorgänger **Zahl** **Nachfolger**

V	Z	N
9	10	11
	4	
	13	

V	Z	N
	9	
	3	
	17	

V	Z	N
	12	
	19	
	2	

V	Z	N
12		
	6	
18		

V	Z	N
		20
2		
	16	

V	Z	N
		13
		5
8		

V	Z	N
	17	
		19
	2	

V	Z	N
	5	
14		
		8

V	Z	N
	6	
	15	
18		

V	Z	N
4		
	13	
		9

V	Z	N
	11	
3		
17		

V	Z	N
	16	
		8
12		

$$4 - 1 = 3$$

$$6 - \square = \square$$

$$\square - \square = \square$$

$$\square - \square = \square$$

$$\square - \square = \square$$

$$\square - \square = \square$$

$$\square - \square = \square$$

$$\square - \square = \square$$

$$\square - \square = \square$$

$$\square - \square = \square$$

$$\square - \square = \square$$

$$\square - \square = \square$$

Subtraktionsaufgaben im Zahlenraum bis 10 mit Hilfe von Perlenstangen

2 - 1 = 1   9 - 5 = ☐   8 - 8 = ☐

3 - 2 = ☐   4 - 4 = ☐   6 - 4 = ☐

5 - 2 = ☐   8 - 6 = ☐   7 - 0 = ☐

4 - 2 = ☐   9 - 3 = ☐   5 - 4 = ☐

5 - 3 = ☐   7 - 4 = ☐   9 - 8 = ☐

1 0 - 9 = ☐   9 - 9 = ☐

1 0 - 8 = ☐   8 - 4 = ☐

1 0 - 7 = ☐   6 - 6 = ☐

1 0 - 6 = ☐   4 - 2 = ☐

1 0 - 5 = ☐   7 - 7 = ☐

1 0 - 4 = ☐   3 - 1 = ☐

$$\boxed{5} - \boxed{2} = \boxed{3}$$
$$\boxed{3} + \boxed{2} = \boxed{}$$

$$\boxed{} - \boxed{} = \boxed{}$$
$$\boxed{} + \boxed{} = \boxed{}$$

$$\boxed{8} - \boxed{} = \boxed{}$$
$$\boxed{4} + \boxed{} = \boxed{}$$

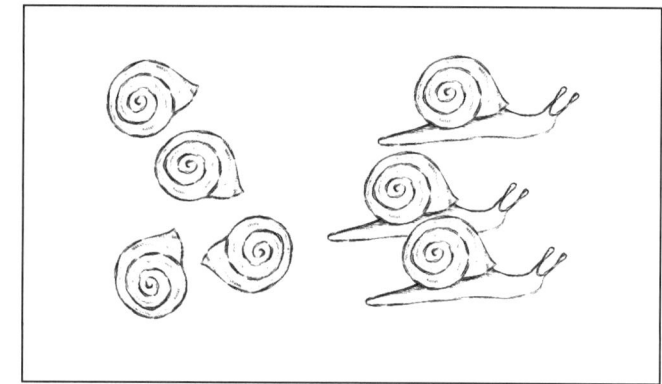

$$\boxed{} - \boxed{} = \boxed{}$$
$$\boxed{} + \boxed{} = \boxed{}$$

$$\boxed{} - \boxed{} = \boxed{}$$
$$\boxed{} + \boxed{} = \boxed{}$$

$$\boxed{} - \boxed{} = \boxed{}$$
$$\boxed{} + \boxed{} = \boxed{}$$

$$\frac{7}{2} \begin{array}{c} - \\ + \end{array} \frac{5}{5} = \square$$

$$\frac{5}{4} \begin{array}{c} - \\ + \end{array} \frac{1}{1} = \square$$

$$\frac{5}{3} \begin{array}{c} - \\ + \end{array} \frac{2}{2} = \frac{3}{5}$$

$$\frac{9}{1} \begin{array}{c} - \\ + \end{array} \frac{8}{8} = \square$$

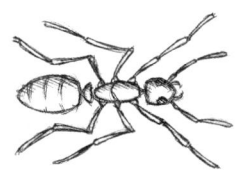  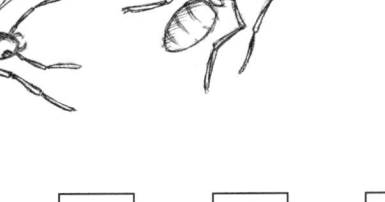

$$\frac{7}{6} \begin{array}{c} - \\ + \end{array} \frac{1}{1} = \square$$

$$\frac{5}{3} \begin{array}{c} - \\ + \end{array} \frac{2}{2} = \square$$

$$\frac{5}{3} \begin{array}{c} - \\ + \end{array} \frac{2}{} = \square$$

$$\frac{4}{2} \begin{array}{c} - \\ + \end{array} \frac{2}{2} = \square$$

$$\frac{7}{5} \begin{array}{c} - \\ + \end{array} \frac{2}{2} = \square$$

$$\frac{6}{4} \begin{array}{c} - \\ + \end{array} \frac{2}{} = \square$$

$$\frac{8}{7} \begin{array}{c} - \\ + \end{array} \frac{1}{1} = \square$$

$$\frac{8}{4} \begin{array}{c} - \\ + \end{array} \frac{4}{4} = \square$$

$$\frac{7}{4} \begin{array}{c} - \\ + \end{array} \frac{3}{} = \square$$

$$\frac{6}{4} \begin{array}{c} - \\ + \end{array} \frac{2}{2} = \square$$

$$\frac{5}{0} \begin{array}{c} - \\ + \end{array} \frac{5}{5} = \square$$

$$\frac{8}{4} \begin{array}{c} - \\ + \end{array} \frac{4}{} = \square$$

$$\frac{8}{6} \begin{array}{c} - \\ + \end{array} \frac{2}{2} = \square$$

$$\frac{7}{4} \begin{array}{c} - \\ + \end{array} \frac{3}{3} = \square$$

$$\frac{3}{1} \begin{array}{c} - \\ + \end{array} \frac{2}{} = \square$$

Haus 1: 3 6 9

3 + 6 = 9
6 + 3 = 9
9 - 6 = 3
9 - 3 = 6

Haus 2: 3 5 8

☐ + ☐ = ☐
☐ + ☐ = ☐
8 - ☐ = ☐
8 - ☐ = ☐

Haus 3: 5 2 7

☐ + ☐ = ☐
☐ + ☐ = ☐
☐ - ☐ = ☐
☐ - ☐ = ☐

Haus 4: 2 4 6

☐ + ☐ = ☐
☐ + ☐ = ☐
☐ - ☐ = ☐
☐ - ☐ = ☐

Haus 5: 5 4 9

☐ + ☐ = ☐
☐ + ☐ = ☐
☐ - ☐ = ☐
☐ - ☐ = ☐

Haus 6: 1 7 8

☐ + ☐ = ☐
☐ + ☐ = ☐
☐ - ☐ = ☐
☐ - ☐ = ☐

Haus 7: 7 2 9

☐ + ☐ = ☐
☐ + ☐ = ☐
☐ - ☐ = ☐
☐ - ☐ = ☐

Haus 8: 4 3 7

☐ + ☐ = ☐
☐ + ☐ = ☐
☐ - ☐ = ☐
☐ - ☐ = ☐

Haus 9: 2 6 8

☐ + ☐ = ☐
☐ + ☐ = ☐
☐ - ☐ = ☐
☐ - ☐ = ☐

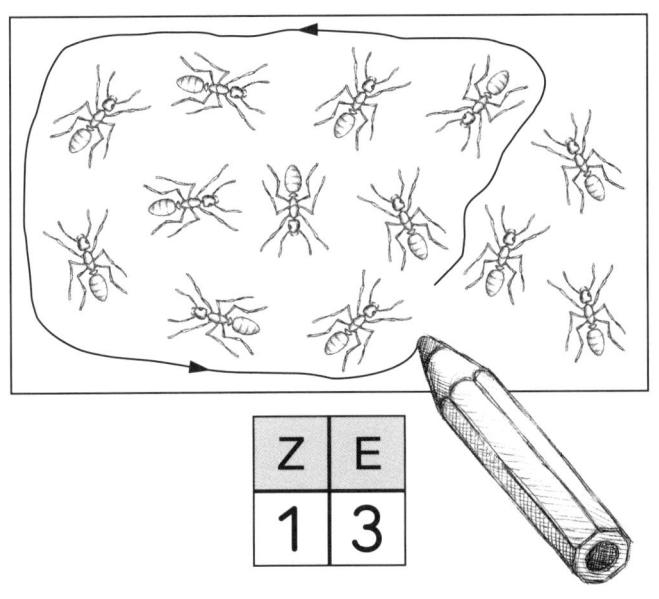

Z	E
1	3

Z	E

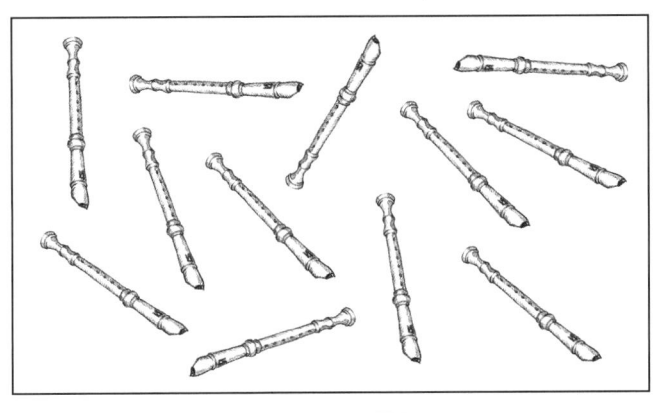

Z	E

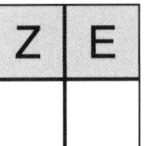

Z	E

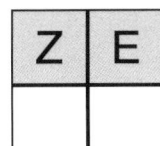

Z	E

Z	E

Kreise ein!

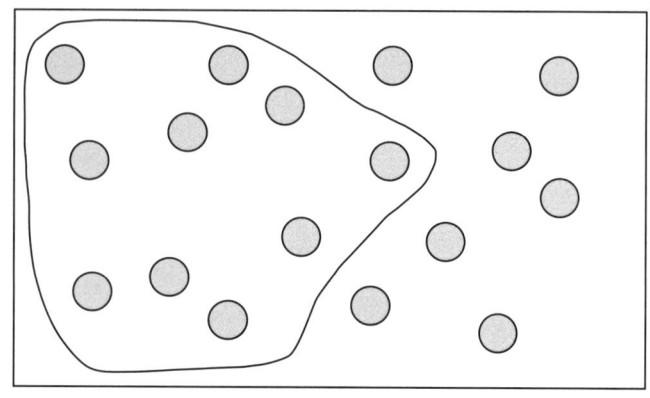

Z	E
1	7

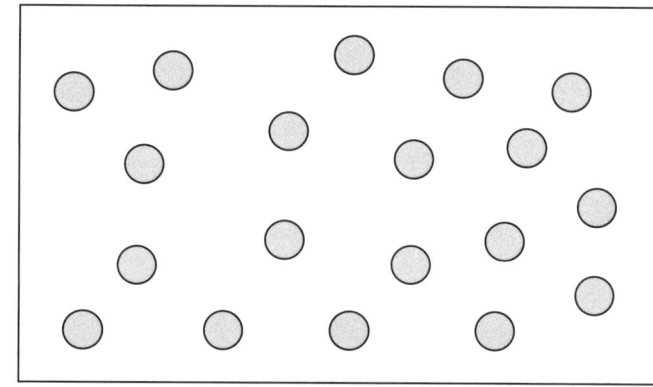

Z	E

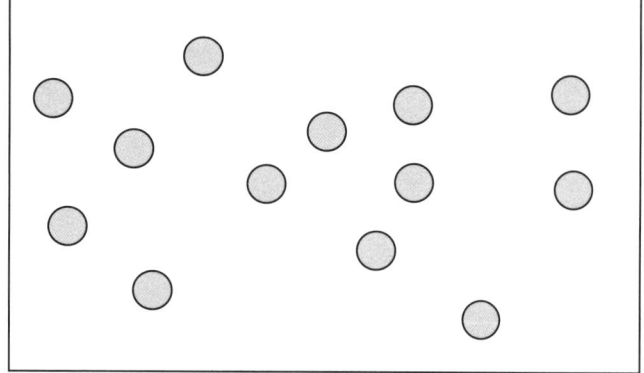

Z	E

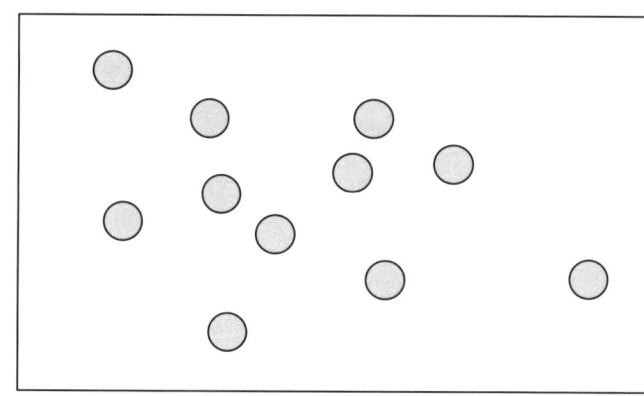

Z	E

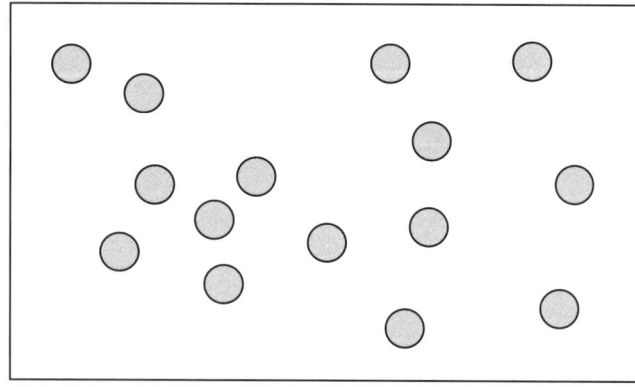

Z	E

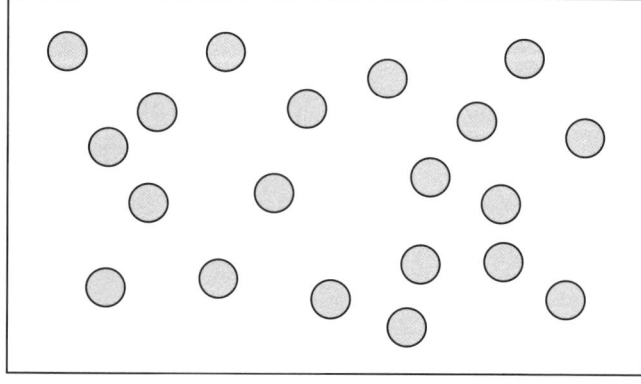

Z	E

Zehner und Einer

4 + 2 = ☐ 6	3 + 5 = ☐	4 + 3 = ☐
14 + 2 = ☐	13 + 5 = ☐	14 + 3 = ☐
6 + 2 = ☐	4 + 4 = ☐	3 + 3 = ☐
16 + 2 = ☐	14 + 4 = ☐	13 + 3 = ☐
3 + 6 = ☐	2 + 7 = ☐	4 + 5 = ☐
13 + 6 = ☐	12 + 7 = ☐	14 + 5 = ☐

4 + ☐ = 6	3 + ☐ = 6	2 + ☐ = 7
14 + ☐ = 16	13 + ☐ = 16	12 + ☐ = 17
4 + ☐ = 7	4 + ☐ = 8	6 + ☐ = 8
14 + ☐ = 17	14 + ☐ = 18	16 + ☐ = 18

10 + 2 = | 1 | 2 |

10 + 4 =

10 + 6 =

10 + 8 =

12 + 2 =

12 + 4 =

12 + 6 =

12 + 8 =

14 + 2 =

14 + 4 =

14 + 6 =

11 + 2 =

11 + 4 =

11 + 6 =

11 + 8 =

13 + 2 =

13 + 4 =

13 + 6 =

15 + 2 =

15 + 4 =

10 + 1 =

10 + 3 =

10 + 5 =

10 + 7 =

10 + 9 =

12 + 1 =

12 + 3 =

12 + 5 =

12 + 7 =

14 + 1 =

14 + 3 =

14 + 5 =

Additionsaufgaben im zweiten Zehner

+	8	7	6
10	18		
12			
11			

Zähle leise
bis 50!

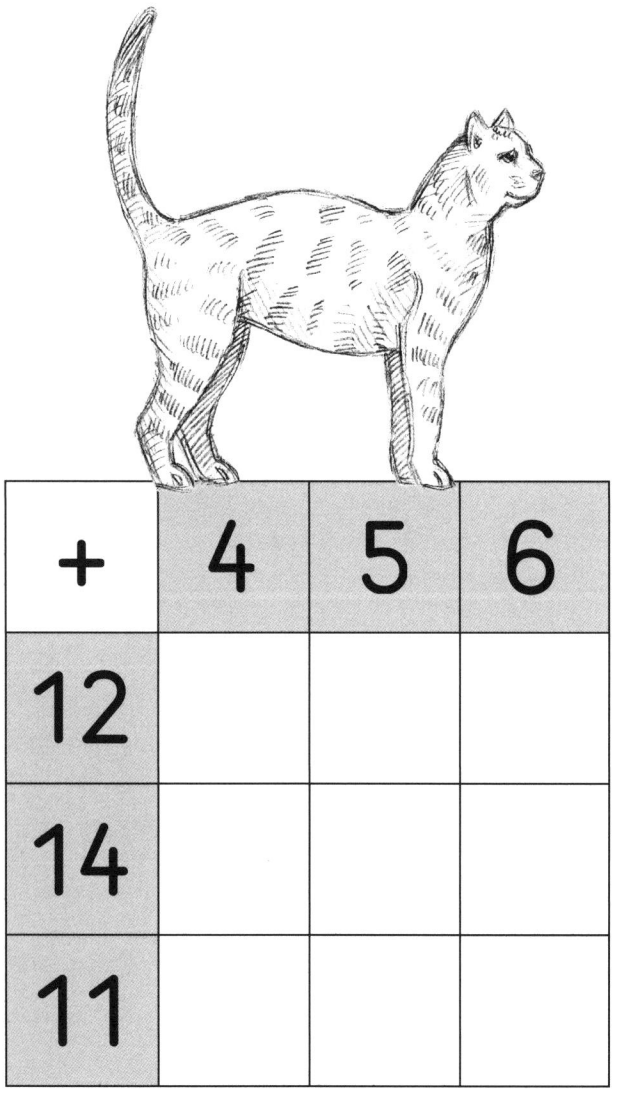

+	4	5	6
12			
14			
11			

+	2	4	6
13			
14			

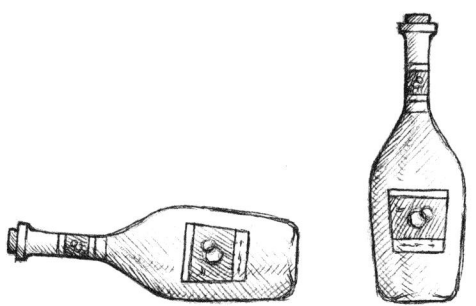

Additionsaufgaben im zweiten Zehner in Tabellenform

$3 + 7 = \boxed{1 \mid 0}$ $\longrightarrow$ $13 + 7 = \boxed{}$

$8 + 2 = \boxed{}$ $\longrightarrow$ $18 + 2 = \boxed{}$

$1 + 9 = \boxed{}$ $\longrightarrow$ $11 + 9 = \boxed{}$

$5 + 5 = \boxed{}$ $\longrightarrow$ $15 + 5 = \boxed{}$

$6 + 4 = \boxed{}$ $\longrightarrow$ $16 + 4 = \boxed{}$

$7 + 3 = \boxed{}$ $\longrightarrow$ $17 + 3 = \boxed{}$

$10 + 0 = \boxed{}$ $\longrightarrow$ $20 + 0 = \boxed{}$

$2 + 8 = \boxed{}$ $\longrightarrow$ $12 + 8 = \boxed{}$

$3 + 16 = \boxed{}$	$5 + 12 = \boxed{}$	$2 + 17 = \boxed{}$
$16 + 3 = \boxed{}$	$12 + 5 = \boxed{}$	$17 + 2 = \boxed{}$
$3 + 14 = \boxed{}$	$2 + 18 = \boxed{}$	$4 + 13 = \boxed{}$
$14 + 3 = \boxed{}$	$18 + 2 = \boxed{}$	$13 + 4 = \boxed{}$

16 + 2 ○	○ 12
12 + 4 ○	○ 17
10 + 3 ○	○ 19
2 + 13 ○	○ 11
2 + 12 ○	○ 20
6 + 14 ○	○ 14
1 + 10 ○	○ 15
7 + 12 ○	○ 13
14 + 3 ○	○ 16
11 + 1 ○	○ 18

Additionsaufgaben im zweiten Zehner

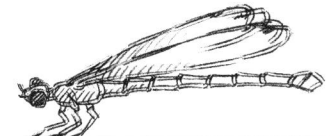

4 - 2 = **2**	8 - 5 = ☐	4 - 1 = ☐
14 - 2 = ☐	18 - 5 = ☐	14 - 1 = ☐

6 - 2 = ☐	7 - 3 = ☐	9 - 4 = ☐
16 - 2 = ☐	17 - 3 = ☐	19 - 4 = ☐

9 - 3 = ☐	8 - 7 = ☐	9 - 5 = ☐
19 - 3 = ☐	18 - 7 = ☐	19 - 5 = ☐

6 - ☐ = 4	6 - ☐ = 3	9 - ☐ = 7
16 - ☐ = 14	16 - ☐ = 13	19 - ☐ = 17

5 - ☐ = 3	7 - ☐ = 5	8 - ☐ = 4
15 - ☐ = 13	17 - ☐ = 15	18 - ☐ = 14

Rechne!

20 − 2 = ☐1 ☐8

20 − 4 = ☐

20 − 6 = ☐

20 − 8 = ☐

18 − 2 = ☐

18 − 4 = ☐

18 − 6 = ☐

18 − 8 = ☐

16 − 2 = ☐

16 − 4 = ☐

16 − 6 = ☐

---

19 − 2 = ☐

19 − 4 = ☐

19 − 6 = ☐

19 − 8 = ☐

17 − 2 = ☐

17 − 4 = ☐

17 − 6 = ☐

15 − 2 = ☐

15 − 4 = ☐

---

20 − 1 = ☐

20 − 3 = ☐

20 − 5 = ☐

20 − 7 = ☐

20 − 9 = ☐

18 − 1 = ☐

18 − 3 = ☐

18 − 5 = ☐

18 − 7 = ☐

16 − 1 = ☐

16 − 3 = ☐

16 − 5 = ☐

Subtraktionsaufgaben im zweiten Zehner

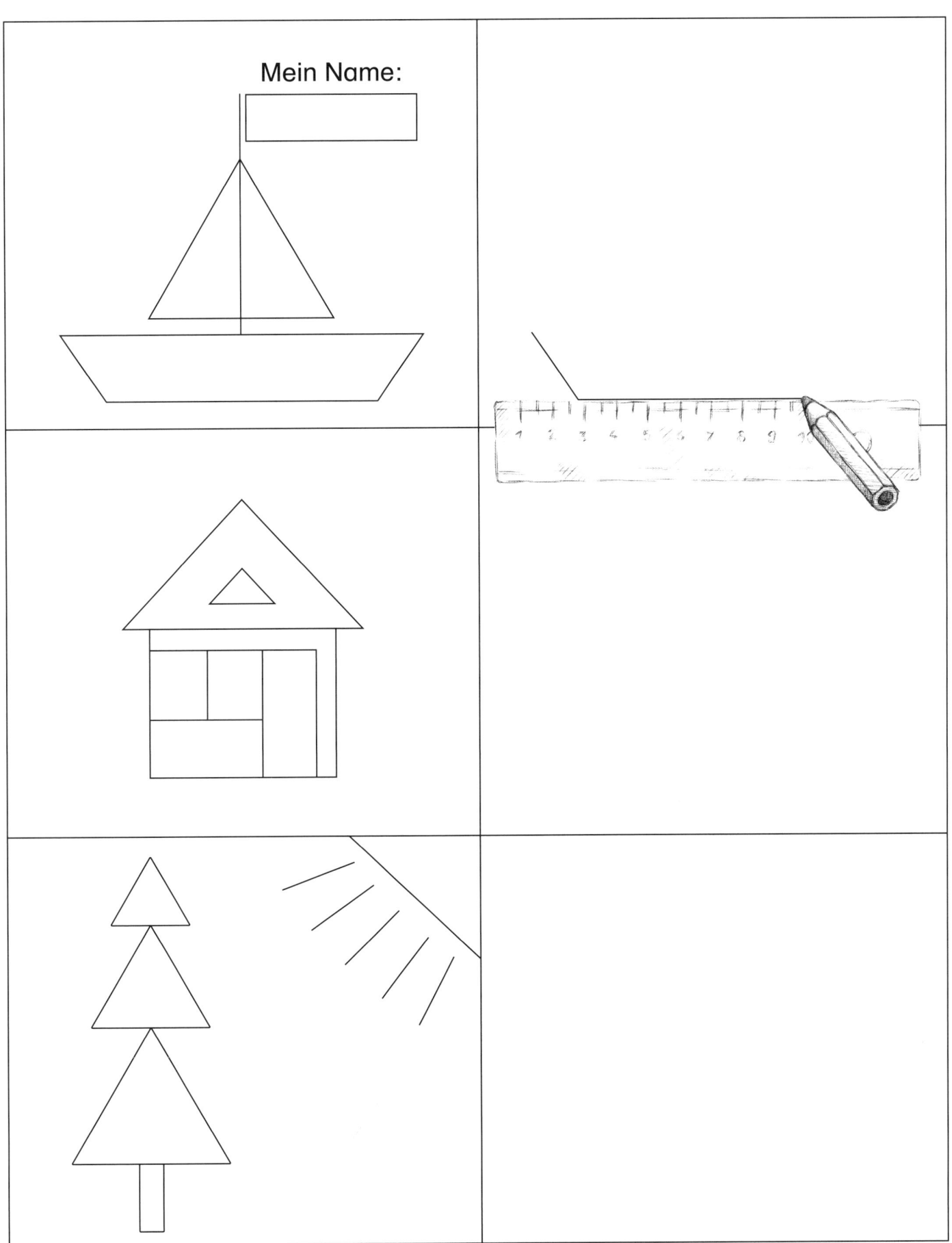

Mein Name:

Geometrische Flächen zeichnen

-	4	6	3
8	4		
18			

-	3	2	5
6			
16			

-	3	4	2
17			
14			

Mache fünf
Kniebeugen!

Subtraktionsaufgaben im zweiten Zehner in Tabellenform

17 - 4 = [1][3]

6 - 5 = □

4 + 5 = □

19 - 5 = □

2 + 6 = □

8 - 5 = □

3 + 4 = □

7 - 5 = □

9 - 3 = □

8 - 3 = □

15 - 3 = □

9 - 5 = □

14 - 4 = □

14 - 3 = □

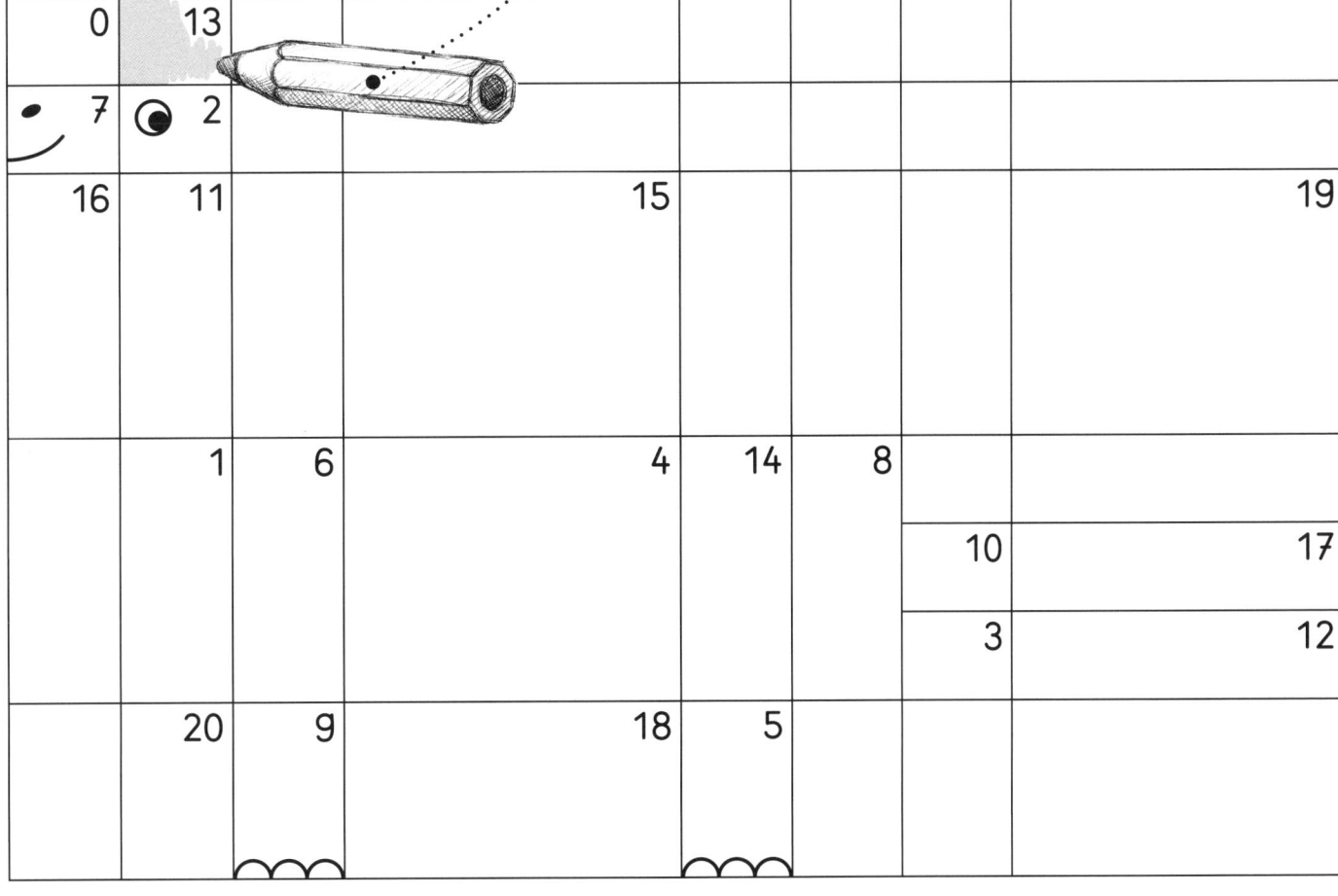

Male aus!

☐ blau △ grün ▭ gelb ◯ rot

Geometrische Flächen finden und anmalen   © sternchenverlag GmbH

10 + 9 = $\boxed{1 \mid 9}$	also sind	19 - 9 = $\boxed{1 \mid 0}$
10 + 2 = $\boxed{}$	also sind	12 - 2 = $\boxed{}$
10 + 4 = $\boxed{}$	also sind	14 - 4 = $\boxed{}$
10 + 8 = $\boxed{}$	also sind	18 - 8 = $\boxed{}$
10 + 3 = $\boxed{}$	also sind	13 - 3 = $\boxed{}$
10 + 5 = $\boxed{}$	also sind	15 - 5 = $\boxed{}$
10 + 1 = $\boxed{}$	also sind	11 - 1 = $\boxed{}$
10 + 6 = $\boxed{}$	also sind	16 - 6 = $\boxed{}$
10 + 7 = $\boxed{}$	also sind	17 - 7 = $\boxed{}$
10 + 10 = $\boxed{}$	also sind	20 - 10 = $\boxed{}$

Was passt?

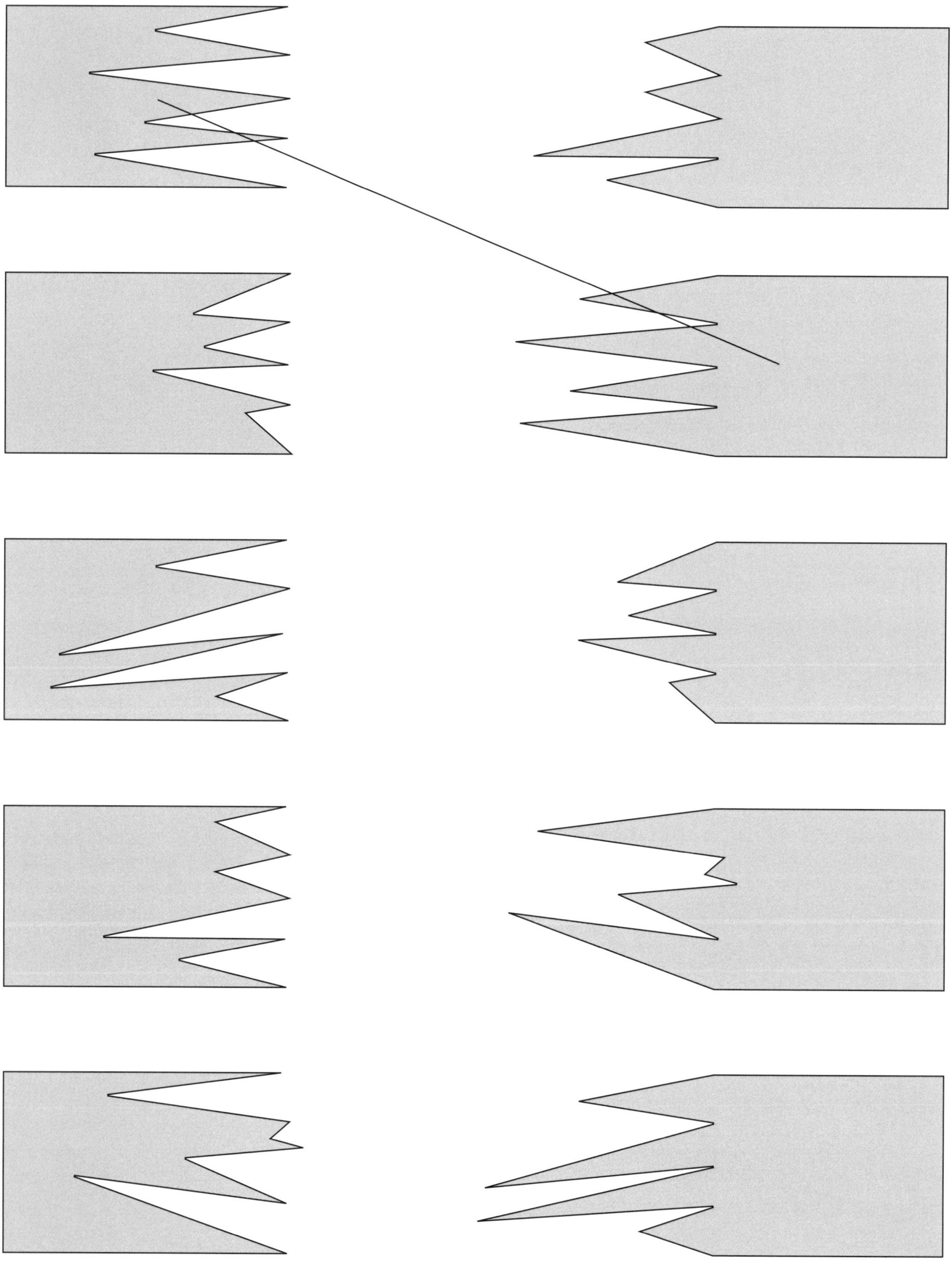

Zuordnung

Ein Halbmond und zwei Striche reichen – fertig ist das Euro-Zeichen!

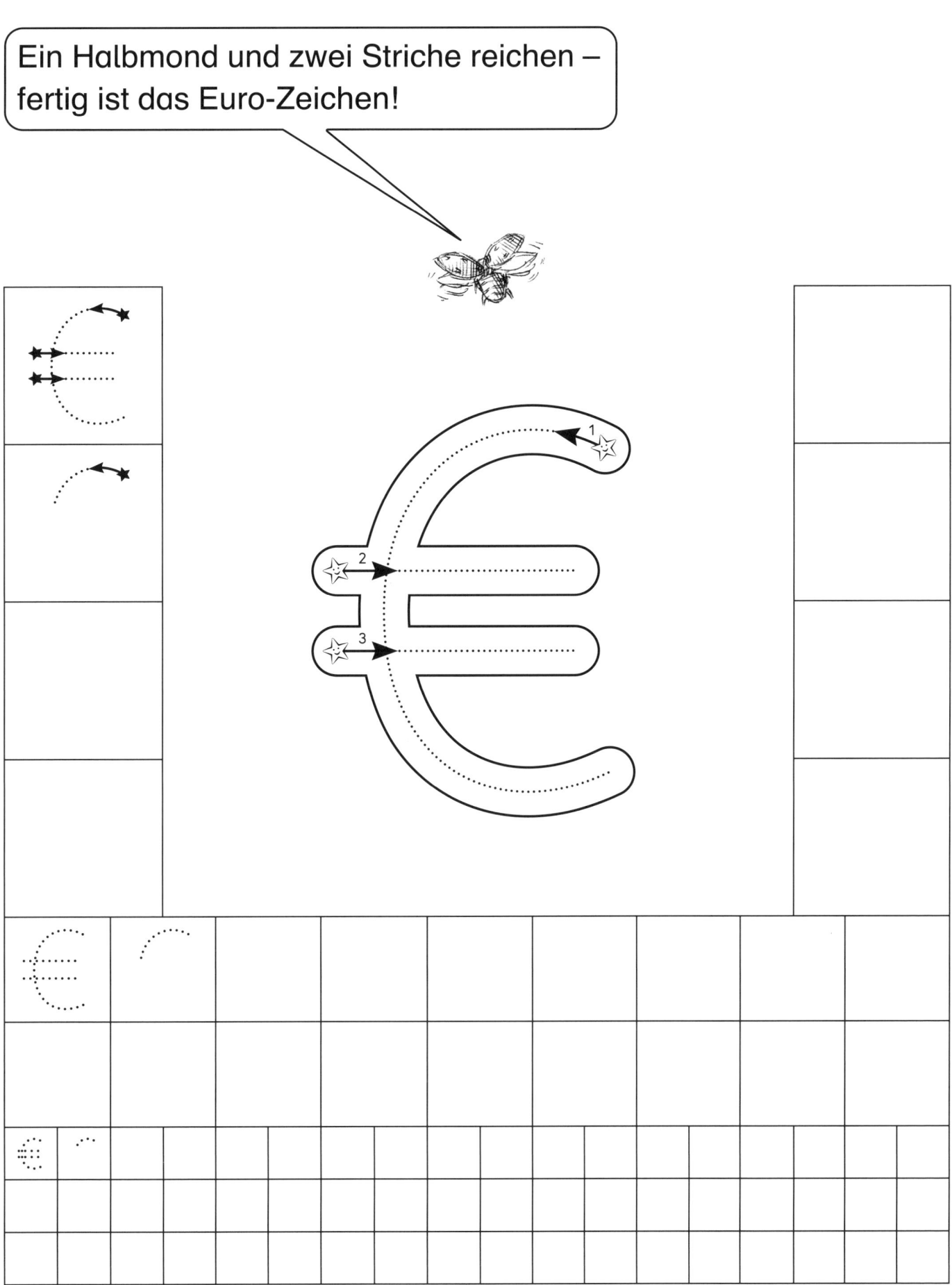

Ordne und verbinde!

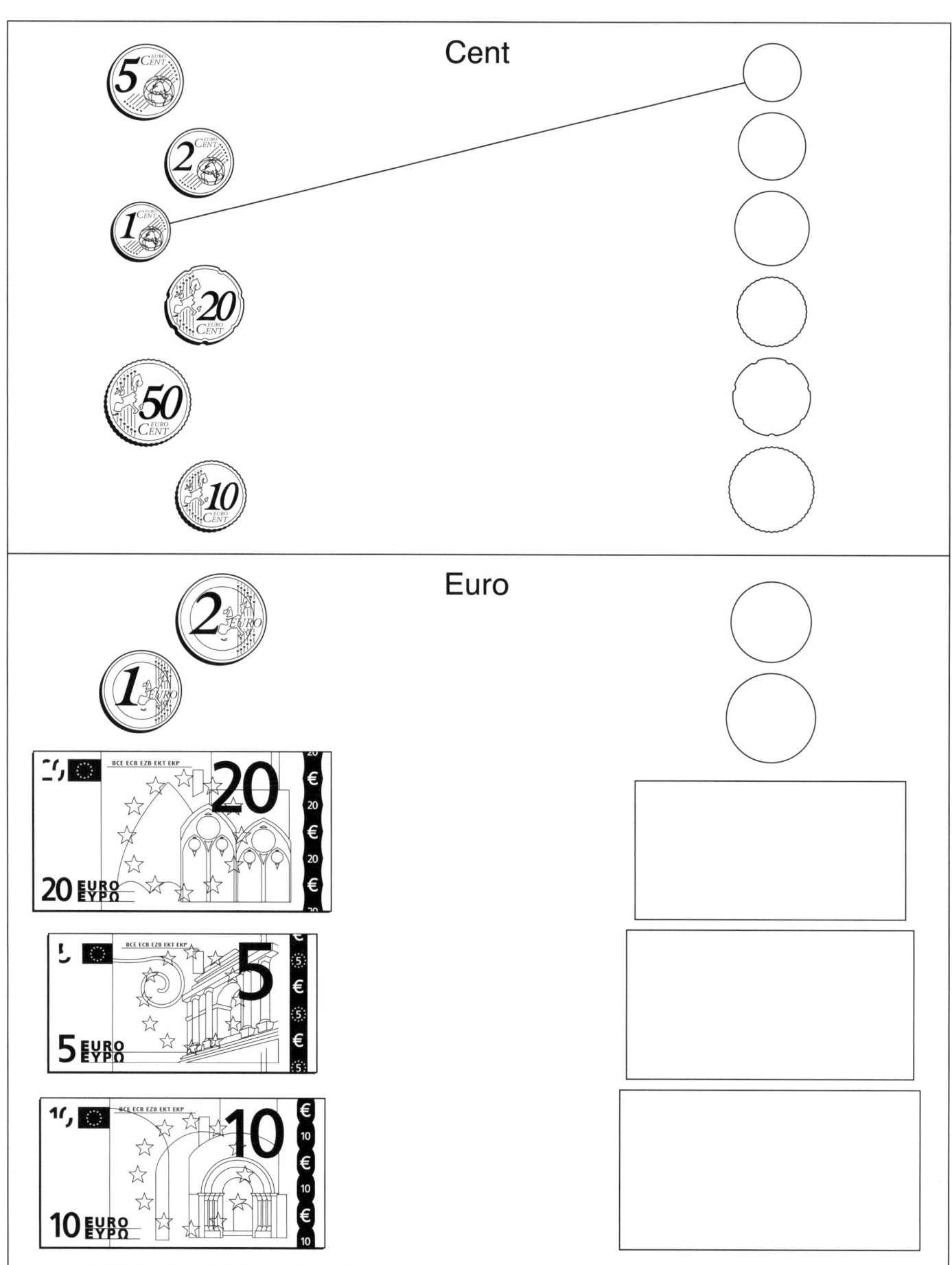

Cent

Euro

Geldwerte ordnen

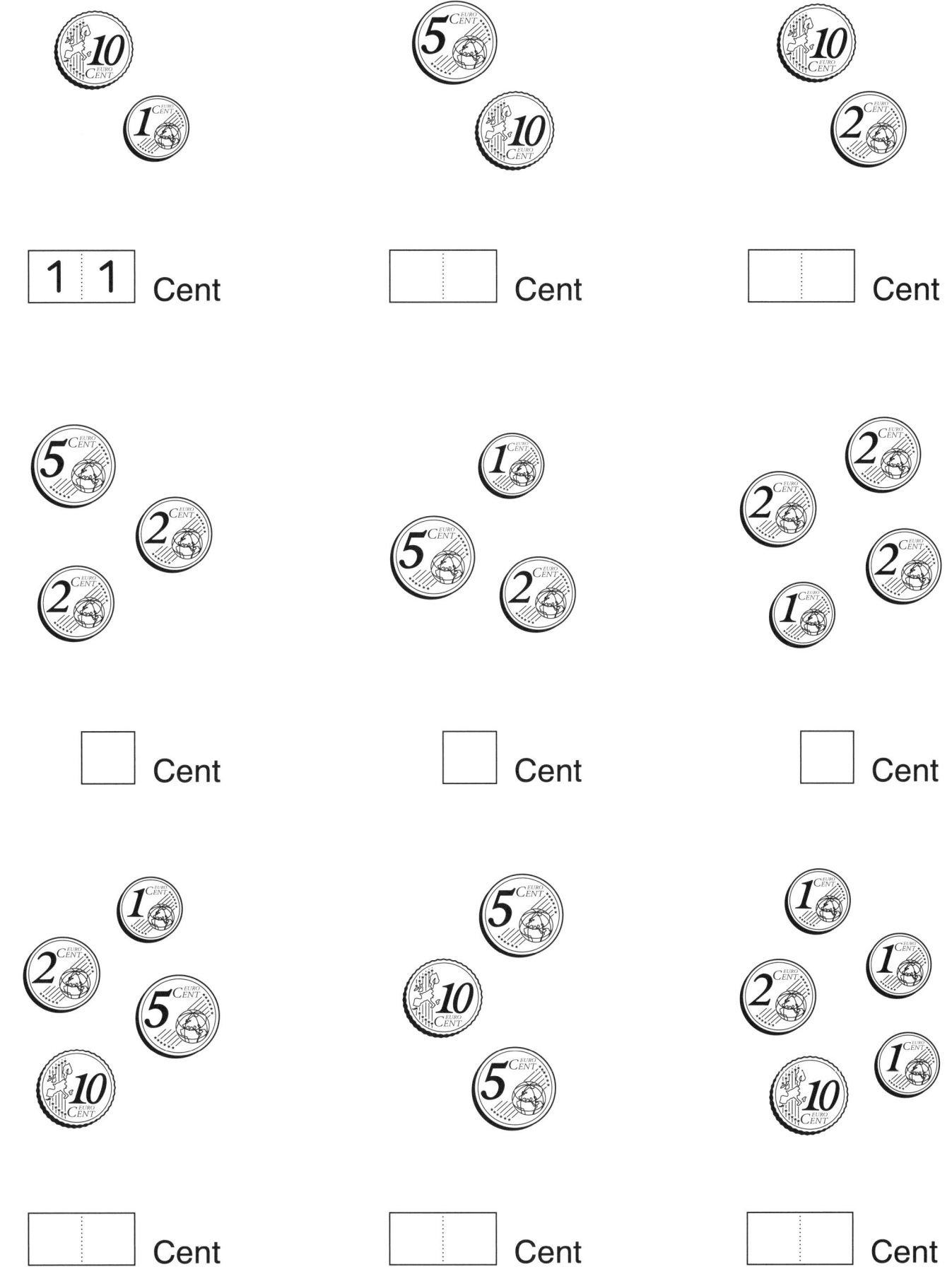

| 1 | 1 | Cent

☐ Cent

☐ Cent

☐ Cent

☐ Cent

☐ Cent

☐ Cent

☐ Cent

☐ Cent

Wie viel Euro?

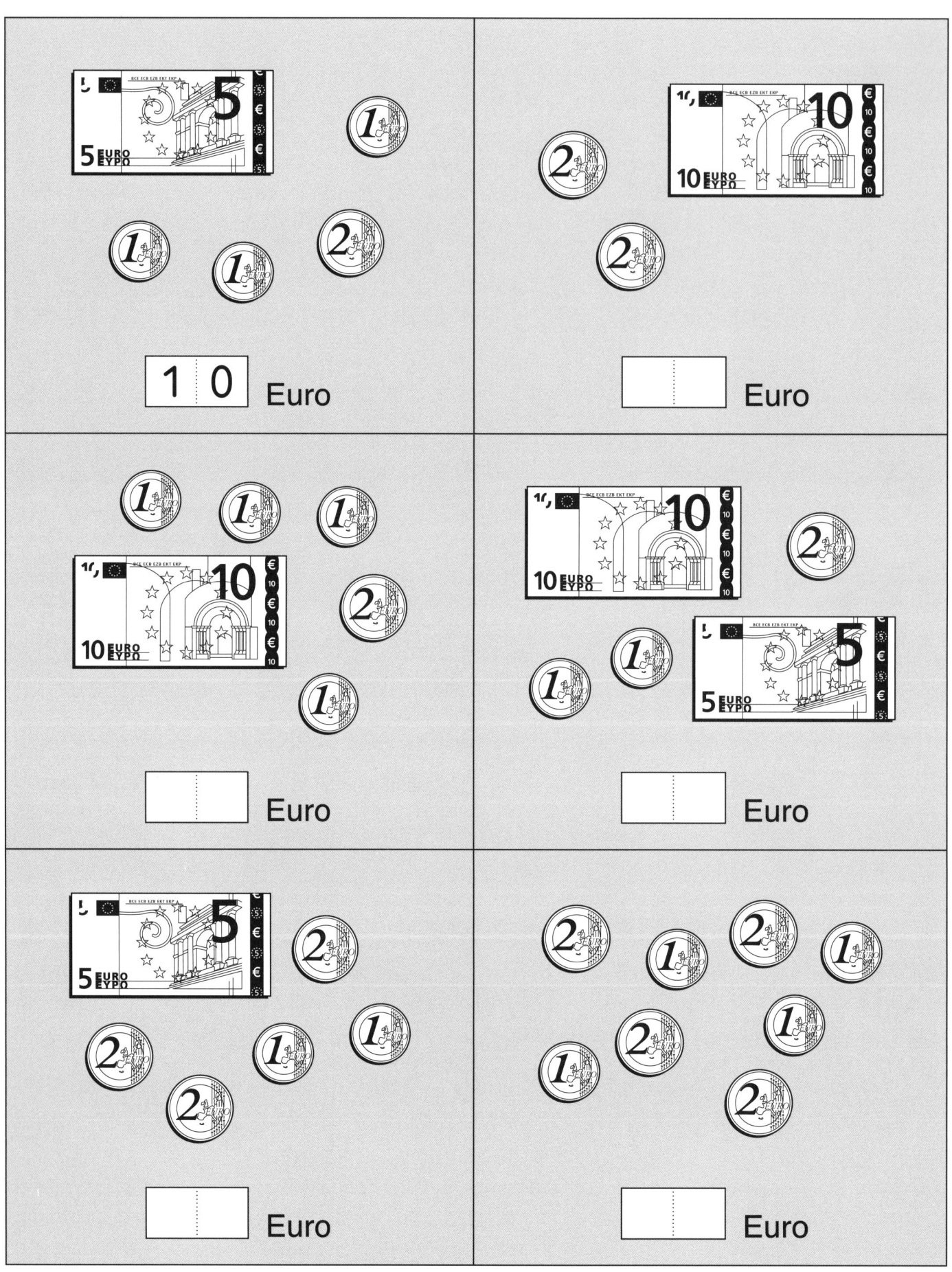

	Euro
1 0	Euro

Geldbeträge

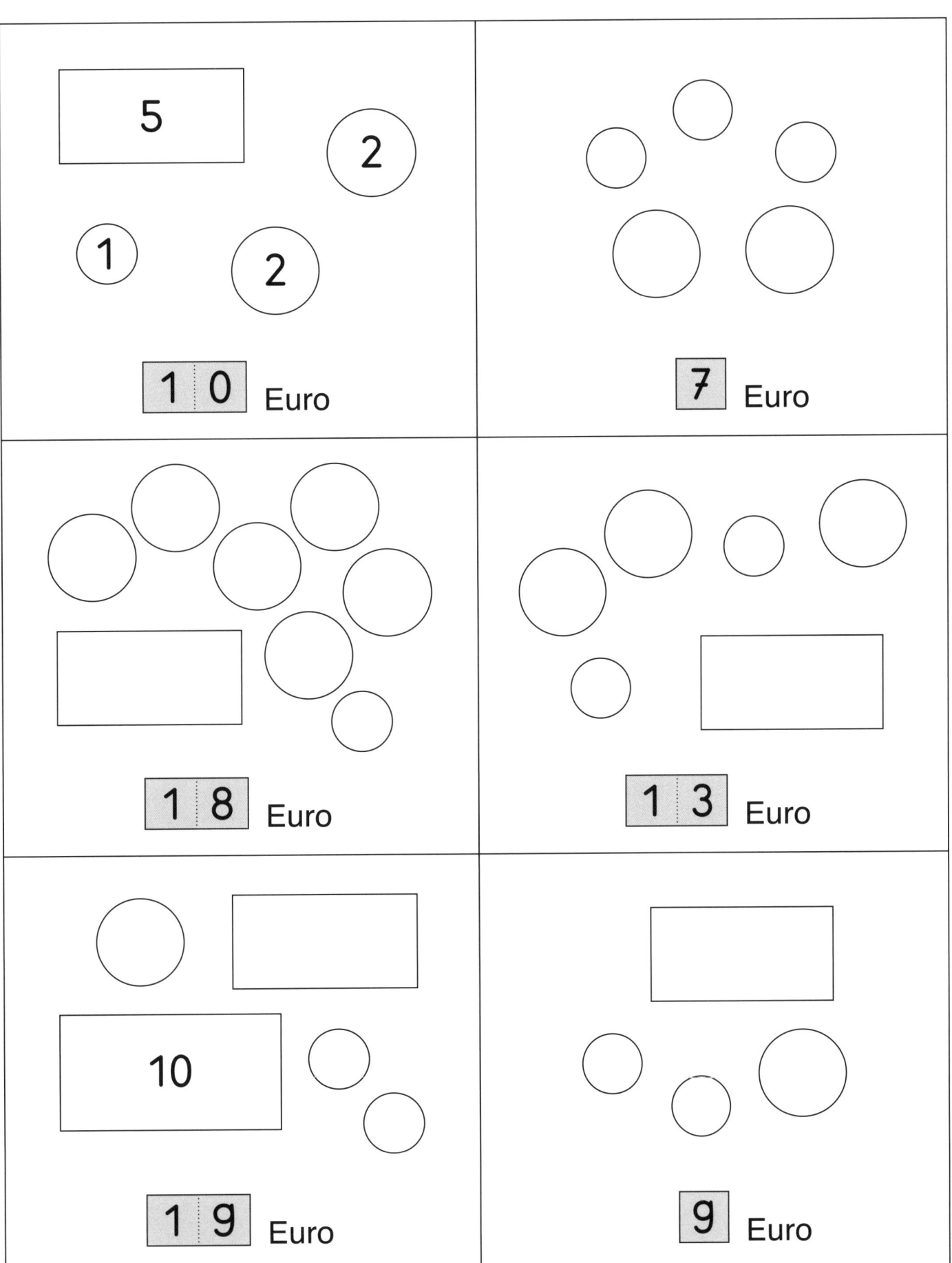

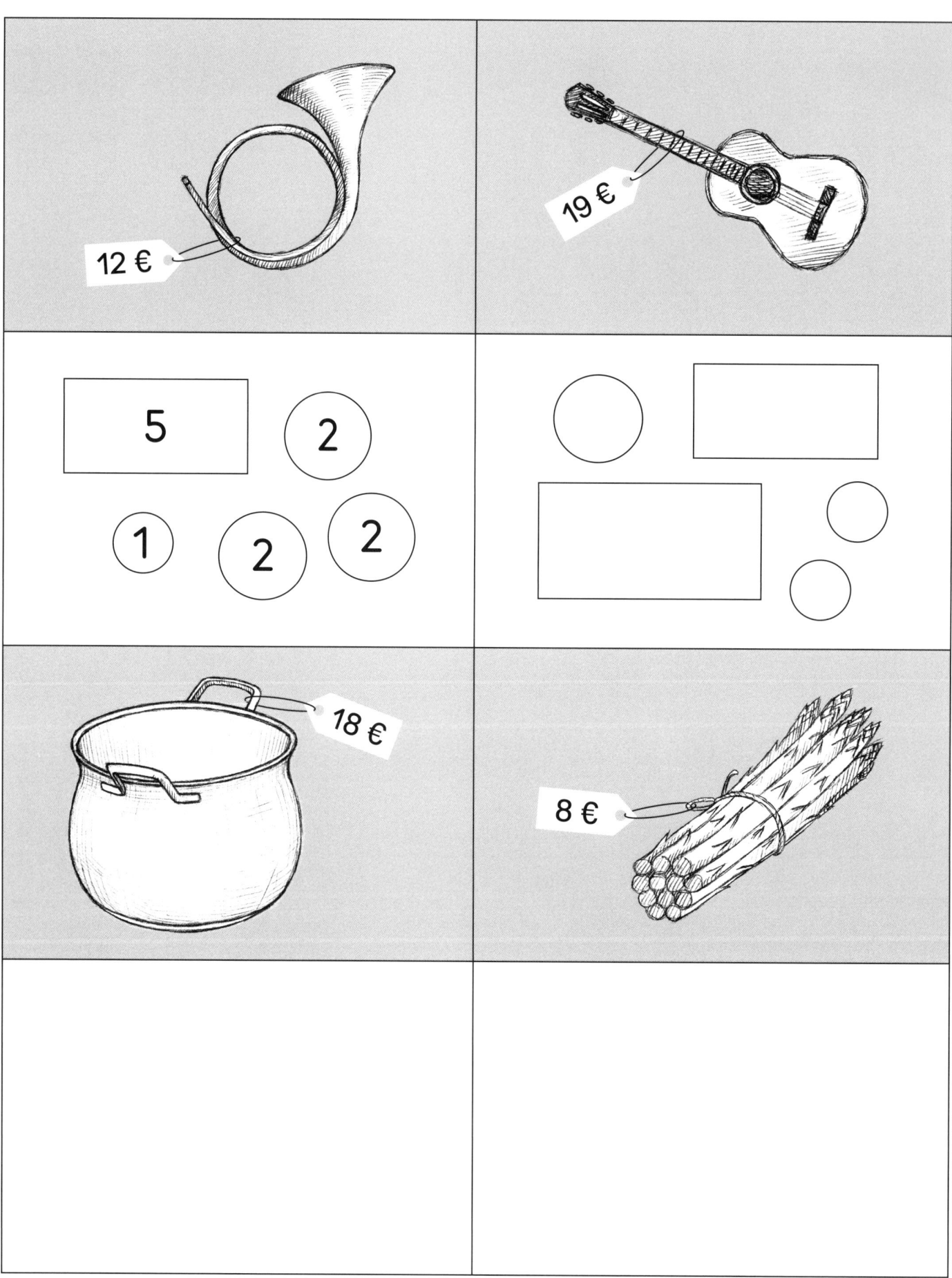

Eurobeträge

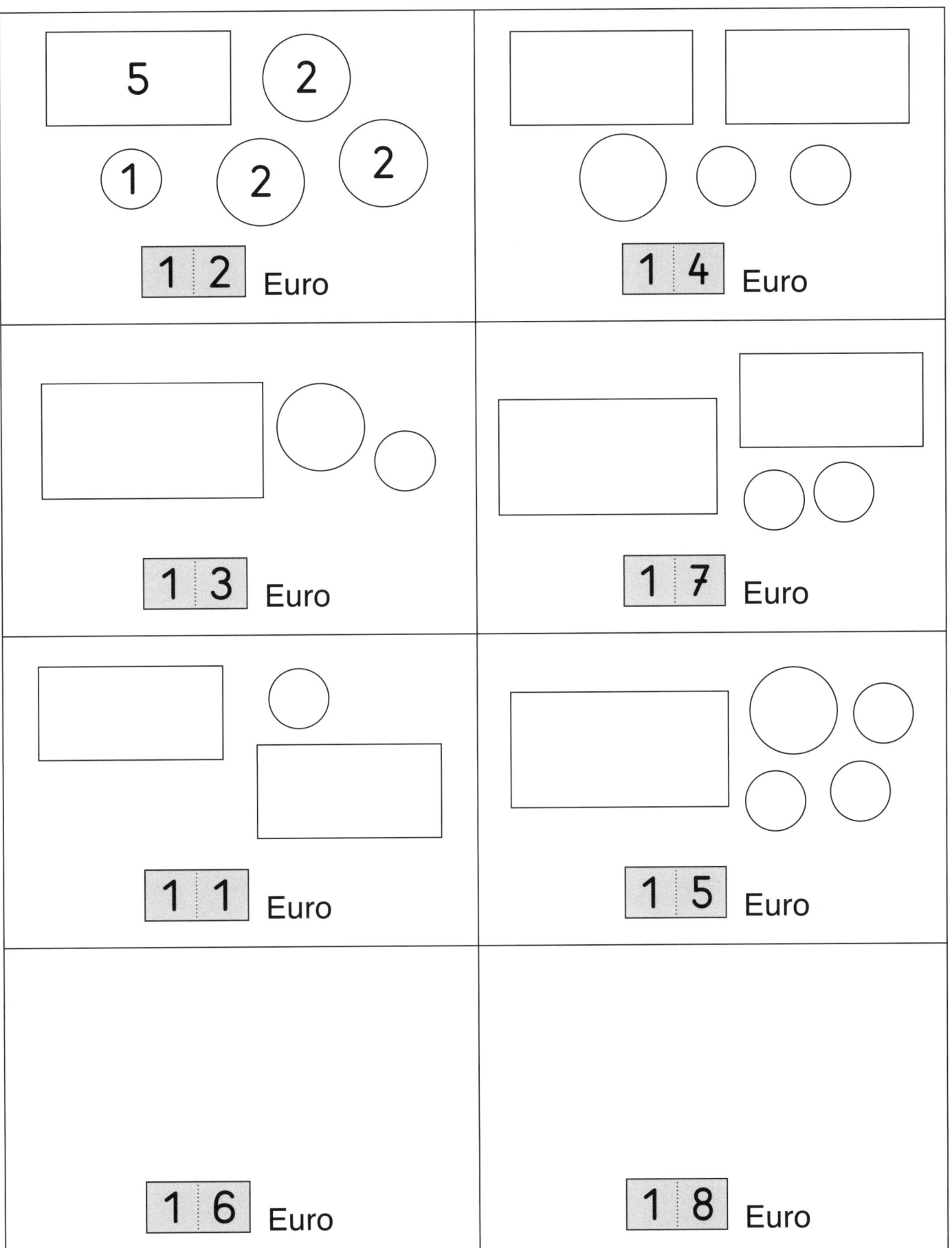

5   2

1   2   2

1 2 Euro

1 4 Euro

1 3 Euro

1 7 Euro

1 1 Euro

1 5 Euro

1 6 Euro

1 8 Euro

5 € + 3 € = 8 €

12 € + 7 € = ☐ €

14 € + 5 € = ☐ €

9 € + 2 € = ☐ €

7 € + 3 € = ☐ €

14 € + 6 € = ☐ €

14 € − 3 € = ☐ €

9 € − 7 € = ☐ €

18 € − 5 € = ☐ €

8 € − 4 € = ☐ €

12 € − 3 € = ☐ €

16 € − 5 € = ☐ €

11 Cent + 4 Cent = ☐ Cent

12 Cent + 4 Cent = ☐ Cent

17 Cent + 2 Cent = ☐ Cent

16 Cent − 4 Cent = ☐ Cent

11 Cent − 2 Cent = ☐ Cent

9 Cent − 7 Cent = ☐ Cent

19 € − ☐ € = 15 €

8 € + ☐ € = 12 €

12 € + ☐ € = 20 €

17 € + ☐ € = 20 €

15 € − ☐ € = 11 €

17 € − ☐ € = 14 €

Gelbeträge addieren und subtrahieren im ersten und zweiten Zehner

© sternchenverlag GmbH

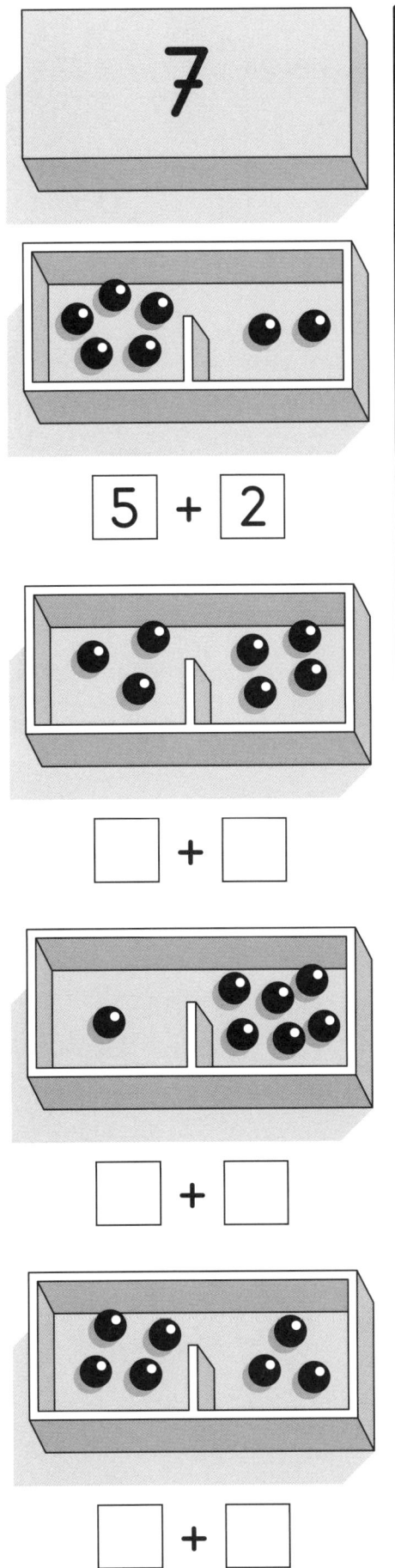

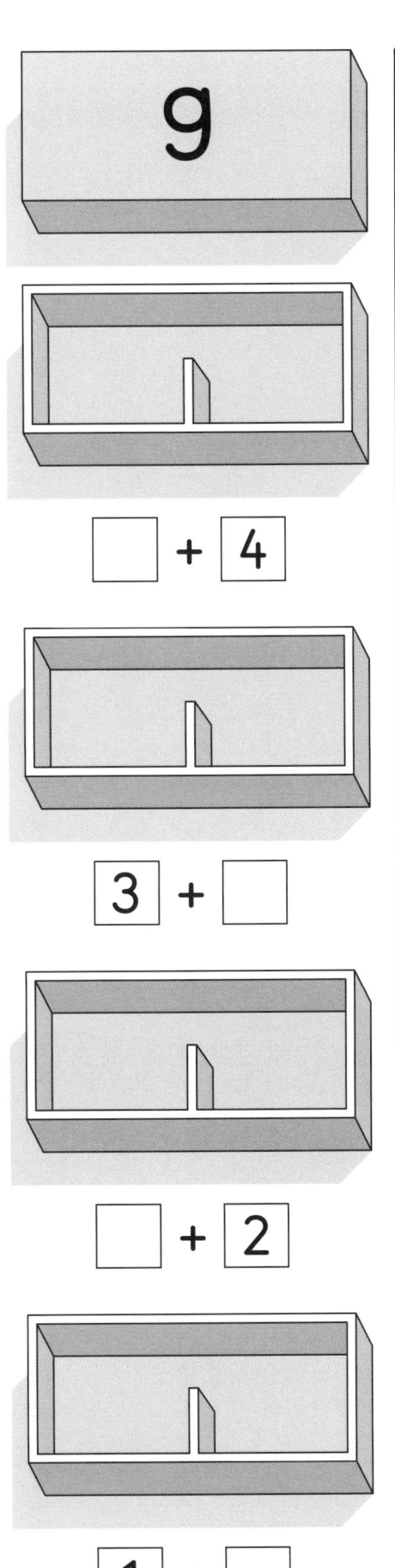

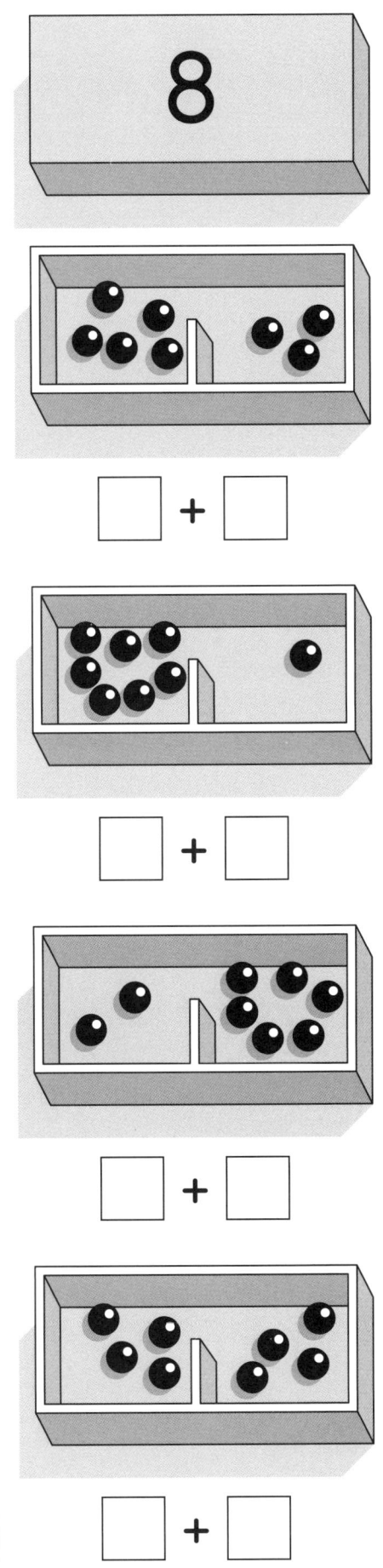

7

5 + 2

□ + □

□ + □

□ + □

9

□ + 4

3 + □

□ + 2

1 + □

8

□ + □

□ + □

□ + □

□ + □

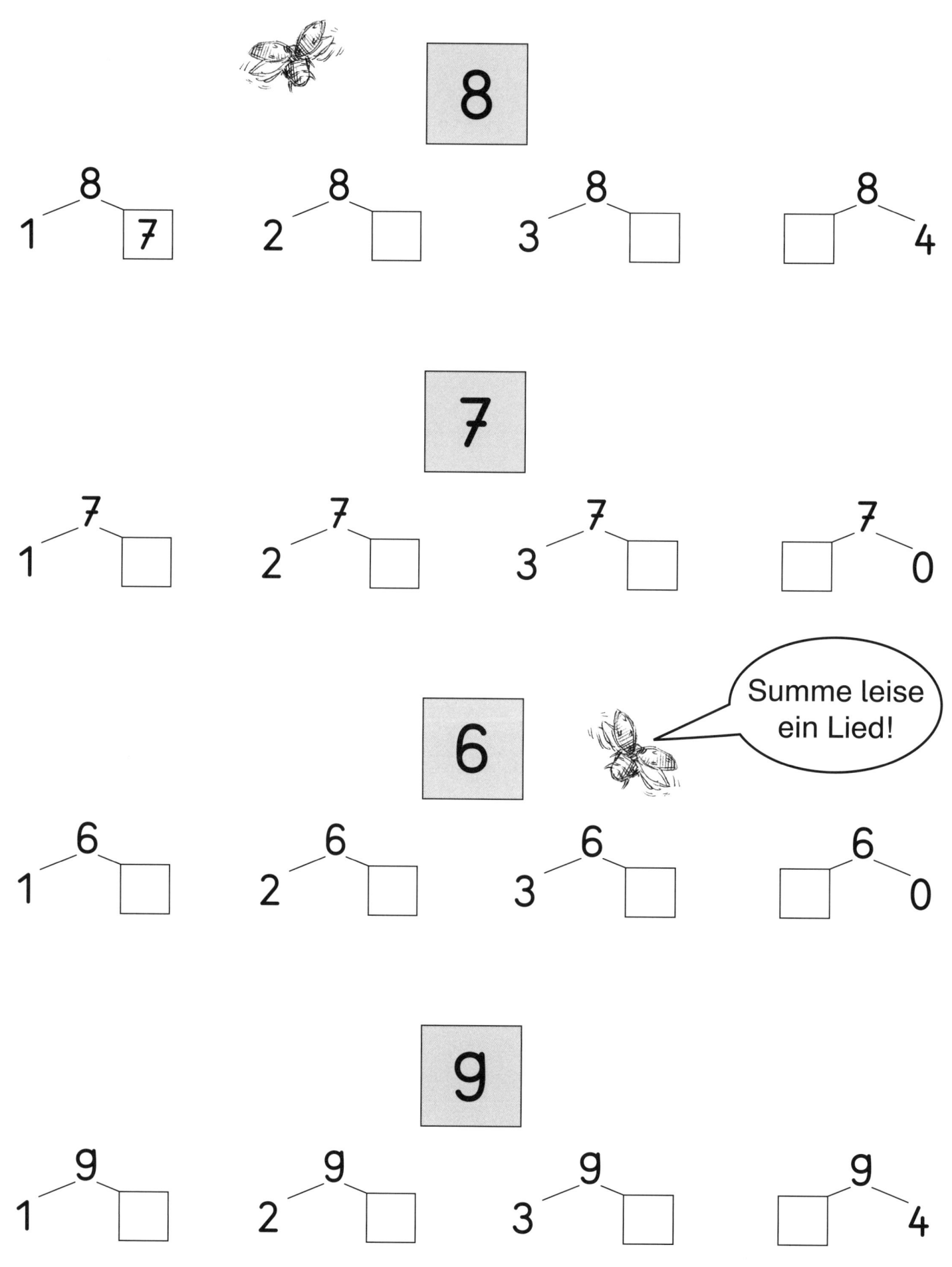

8

1 — 8 — [7]   2 — 8 — [ ]   3 — 8 — [ ]   [ ] — 8 — 4

7

1 — 7 — [ ]   2 — 7 — [ ]   3 — 7 — [ ]   [ ] — 7 — 0

6

Summe leise ein Lied!

1 — 6 — [ ]   2 — 6 — [ ]   3 — 6 — [ ]   [ ] — 6 — 0

9

1 — 9 — [ ]   2 — 9 — [ ]   3 — 9 — [ ]   [ ] — 9 — 4

Zahlzerlegung

$9 + 1 = \boxed{1\,0}$ $9 + 6 = \boxed{}$ $8 + 2 = \boxed{}$

$9 + 2 = \boxed{}$ $9 + 7 = \boxed{}$ $8 + 3 = \boxed{}$

$9 + 3 = \boxed{}$ $9 + 8 = \boxed{}$ $8 + 4 = \boxed{}$

$9 + 4 = \boxed{}$ $9 + 9 = \boxed{}$ $8 + 5 = \boxed{}$

$9 + 5 = \boxed{}$ $8 + 6 = \boxed{}$

$7 + 3 = \boxed{}$ $6 + 4 = \boxed{}$

$7 + 4 = \boxed{}$  $6 + 5 = \boxed{}$

$7 + 5 = \boxed{}$ $6 + 6 = \boxed{}$

$9 + 9 = \boxed{}$ $5 + 5 = \boxed{}$ $7 + 3 = \boxed{}$

$8 + 8 = \boxed{}$ $5 + 7 = \boxed{}$ $6 + 4 = \boxed{}$

$7 + 7 = \boxed{}$ $5 + 9 = \boxed{}$ $5 + 5 = \boxed{}$

$6 + 6 = \boxed{}$ $5 + 6 = \boxed{}$ $4 + 6 = \boxed{}$

$5 + 5 = \boxed{}$ $5 + 8 = \boxed{}$ $3 + 7 = \boxed{}$

$4 + 4 = \boxed{}$ $2 + 8 = \boxed{}$

$3 + 3 = \boxed{}$ $1 + 9 = \boxed{}$

9 + 2

8 + 9

5 + 9

6 + 9

8 + 8

4 + 9

17

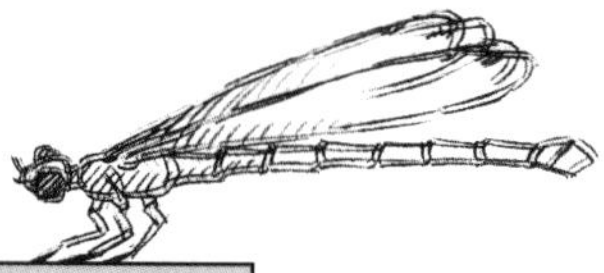

15

11

14

13

16

2 + 9

9 + 8

9 + 5

9 + 6

8 + 8

9 + 4

Additionsaufgaben mit Zehnerüberschreitung / Tauschaufgaben
© sternchenverlag GmbH

7 + 3 = 1 0	8 + 2 =	7 + 5 =
7 + 5 =	8 + 4 =	6 + 5 =
7 + 4 =	8 + 3 =	5 + 5 =
7 + 6 =	8 + 6 =	7 + 6 =
7 + 8 =	8 + 5 =	7 + 7 =
7 + 7 =	8 + 7 =	7 + 8 =
9 + 4 =	5 + 9 =	6 + 6 =
8 + 4 =	5 + 8 =	6 + 7 =
7 + 4 =	5 + 7 =	6 + 8 =
6 + 4 =	5 + 6 =	6 + 9 =

Ich bin grün!

+	5	6	7
6	11		
7			

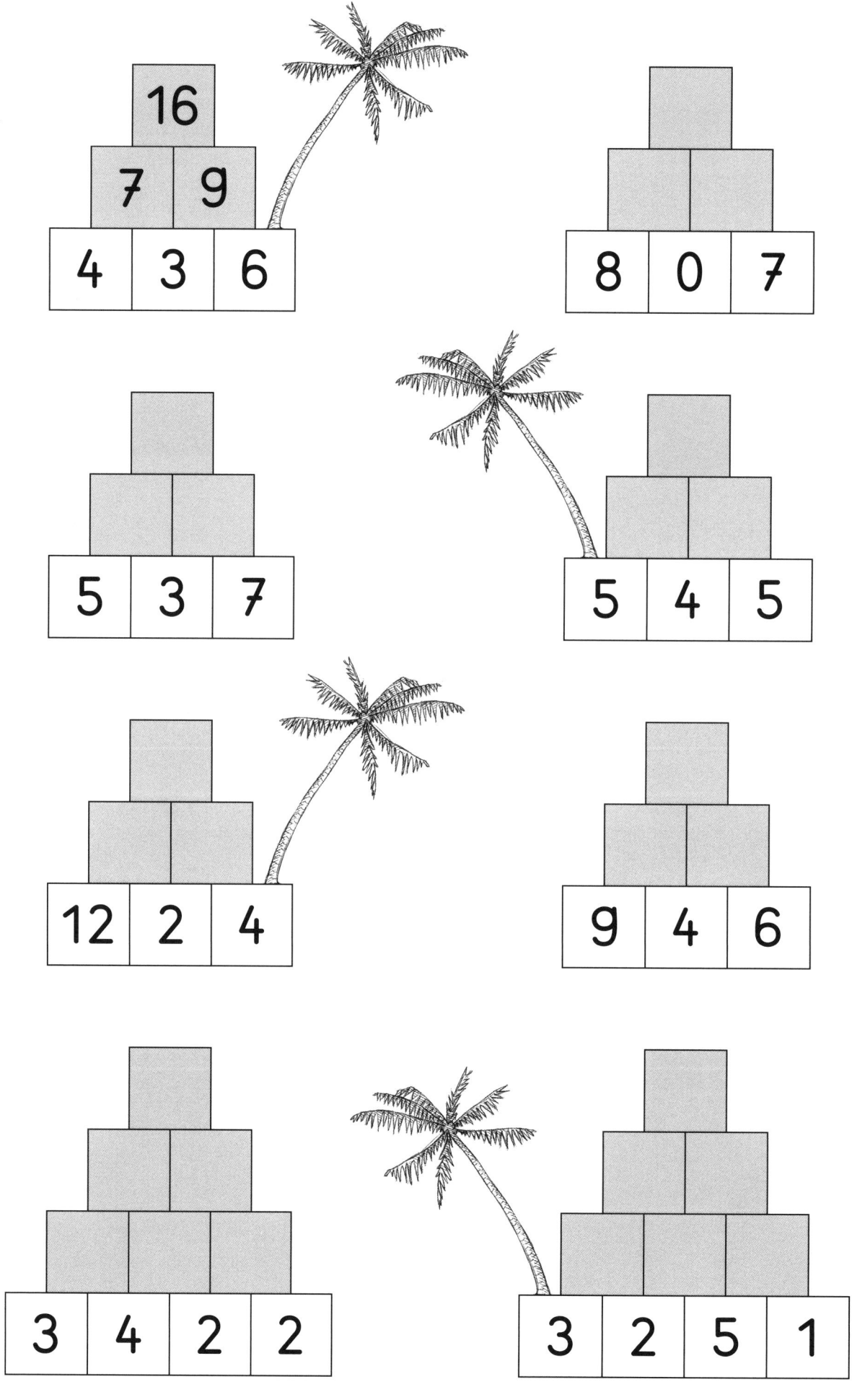

Zahlenmauern

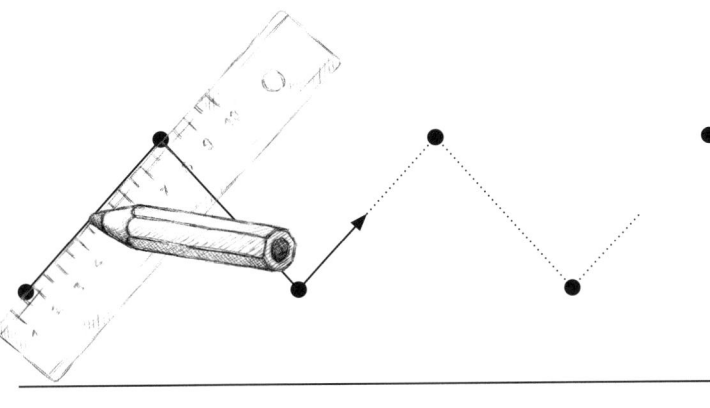
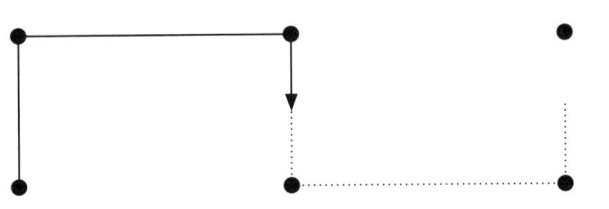

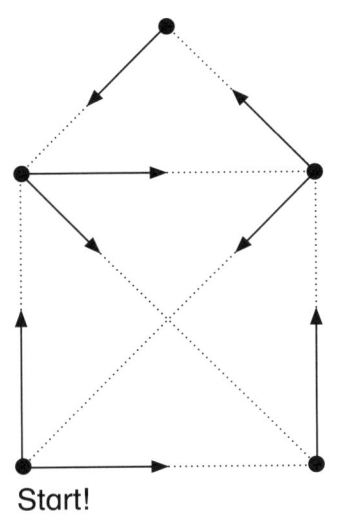

Start!

Start!

Start!

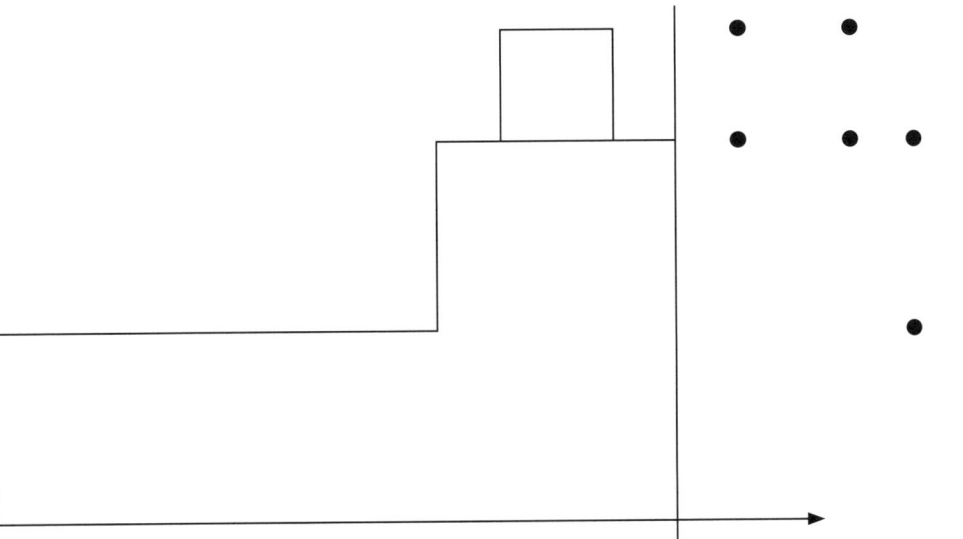

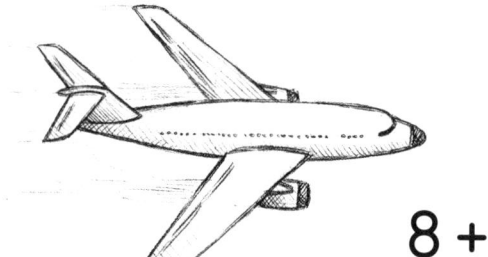

$8 + 2 + 3 = \boxed{1 \; 3}$　　　　$8 + 2 + 5 = \boxed{}$

$7 + 3 + 6 = \boxed{}$　　　　$7 + 3 + 4 = \boxed{}$

$4 + 6 + 7 = \boxed{}$　　　　$4 + 6 + 2 = \boxed{}$

$5 + 5 + 3 = \boxed{}$　　　　$5 + 5 + 1 = \boxed{}$

$2 + 8 + 2 = \boxed{}$　　　　$2 + 8 + 4 = \boxed{}$

$1 + 9 + 4 = \boxed{}$　　　　$1 + 9 + 7 = \boxed{}$

$3 + 7 + 7 = \boxed{}$　　　　$3 + 7 + 8 = \boxed{}$

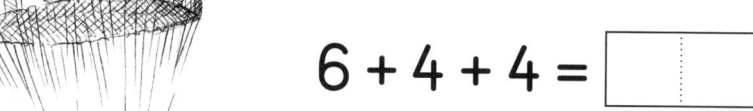

$6 + 4 + 9 = \boxed{}$　　　　$6 + 4 + 4 = \boxed{}$

$9 + 1 + 2 = \boxed{}$　　　　$9 + 1 + 7 = \boxed{}$

$10 + 0 + 7 = \boxed{}$　　　　$10 + 0 + 9 = \boxed{}$

Tausche!

$9 + \overset{\frown}{(6) + (1)} = \boxed{1 \mid 6}$

$8 + \overset{\frown}{(7) + (2)} = \boxed{ \mid }$

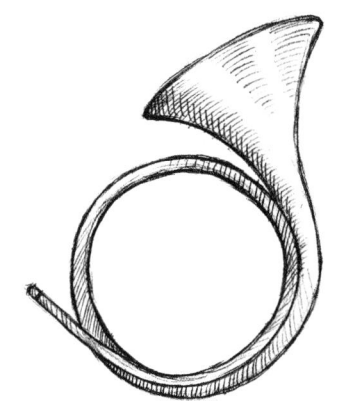

$6 + \overset{\frown}{(7) + (4)} = \boxed{ \mid }$

$7 + \overset{\frown}{(6) + (3)} = \boxed{ \mid }$

$5 + \overset{\frown}{(8) + (5)} = \boxed{ \mid }$

$4 + \overset{\frown}{(7) + (6)} = \boxed{ \mid }$

$3 + \overset{\frown}{(9) + (7)} = \boxed{ \mid }$

9 + 6 + 1 = | 1 | 6 |

2 + 2 + 2 = | | |

5 + 3 + 7 = | | |

3 + 3 + 3 = | | |

6 + 2 + 4 = | | |

4 + 4 + 4 = | | |

2 + 4 + 8 = | | |

5 + 5 + 5 = | | |

7 + 9 + 1 = | | |

6 + 6 + 6 = | | |

8 + 4 + 2 = | | |

7 + ☐ = 13

7 + 2 + 8 = | | |

6 + ☐ = 11

9 + 4 + 1 = | | |

8 + ☐ = 15

8 + 3 + 2 = | | |

5 + ☐ = 12

5 + 0 + 5 = | | |

4 + ☐ = 12

9 + 1 + 7 = | | |

2 + ☐ = 11

1 + 9 + 5 = | | |

9 + ☐ = 18

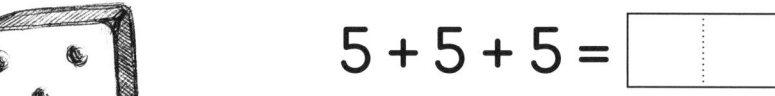

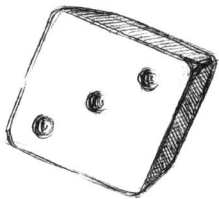

Addition von drei Zahlen / Ergänzungsaufgaben

Zahl	2	3	4	5	6	7	8	9	10
Das Doppelte	4								

+2

| 0 | 2 | 4 | | | | | | | | | |

+2

| 1 | 3 | 5 | | | | | | | |

Sprich die Zahlenreihen dreimal schnell!

Zähle und rechne!

12 - 4 = 8

12 - 5 = ☐

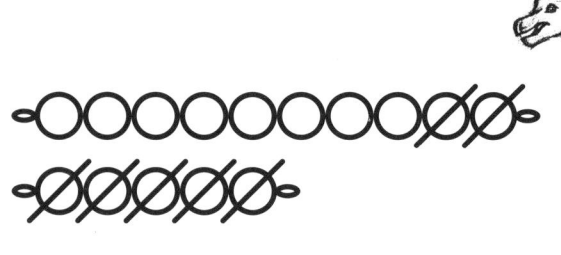

13 - 6 = ☐

13 - 4 = ☐

15 - 7 = ☐

15 - 8 = ☐

14 - 7 = ☐

14 - 9 = ☐

Subtraktionsaufgaben mit Zehnerüberschreitung mit Hilfe von Perlenstangen © sternchenverlag GmbH

15 - 5 = | 1 | 0 |
15 - 7 = | | 8 |

16 - 6 =
16 - 8 =

14 - 4 =
14 - 7 =

13 - 3 =
13 - 6 =

17 - 7 =
17 - 9 =

12 - 2 =
12 - 6 =

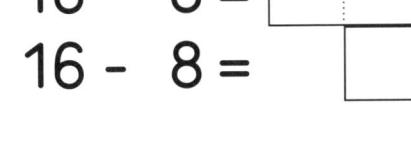

19 - 9 =
19 - 11 =

18 - 8 =
18 - 9 =

14 - 4 =
14 - 6 =

15 - 5 =
15 - 8 =

11 - 1 =
11 - 3 =

16 - 6 =
16 - 9 =

Leichte Subtraktionsaufgaben mit Zehnerüberschreitung

20 - 10 = 1 | 0	5 + 5 =	12 - 2 =
18 - 9 =	6 + 6 =	12 - 3 =
16 - 8 =	7 + 7 =	12 - 4 =
14 - 7 =	8 + 8 =	12 - 5 =
12 - 6 =	9 + 9 =	12 - 6 =
10 - 5 =	10 + 10 =	12 - 7 =
		12 - 8 =
		12 - 9 =
13 - 3 =	14 - 4 =	
13 - 4 =	14 - 5 =	16 - 6 =
13 - 5 =	14 - 6 =	16 - 7 =
13 - 6 =	14 - 7 =	16 - 8 =
13 - 7 =	14 - 8 =	16 - 9 =
13 - 8 =	14 - 9 =	

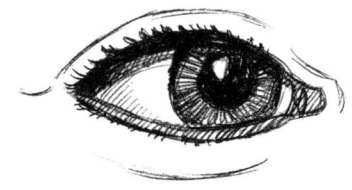 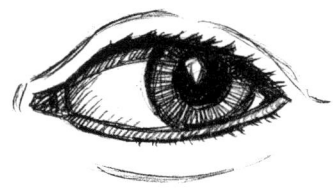

Schließe die Augen und zähle leise bis 100!

Nachbaraufgaben

15 - 5 - 2	○		○	2
17 - 7 - 4	○		○	6
14 - 4 - 3	○		○	7

11 - 1 - 8	○		○	8
13 - 3 - 5	○		○	4
19 - 9 - 1	○		○	9
12 - 2 - 7	○		○	3
16 - 6 - 6	○		○	5

13 - ☐3☐ = 10

13 - ☐ = 9

13 - ☐ = 8

13 - ☐ = 7

13 - ☐ = 6

13

7 + ☐6☐

11 + ☐

9 + ☐

☐ + 5

☐ + 8

6 + ☐

12 + ☐

☐ + 3

4 + ☐

10 - ☐ = 5

13 - ☐ = 6

14 - ☐ = 7

12 - ☐ = 7

11 - ☐ = 5

12 - ☐ = 10

12 - ☐ = 9

12 - ☐ = 8

12 - ☐ = 7

12 - ☐ = 6

11 - ☐ = 8

12 - ☐ = 7

14 - ☐ = 9

12 - ☐ = 8

13 - ☐ = 9

Nachbaraufgaben zur Subtraktion

Rechne!

Finde immer vier Aufgaben!

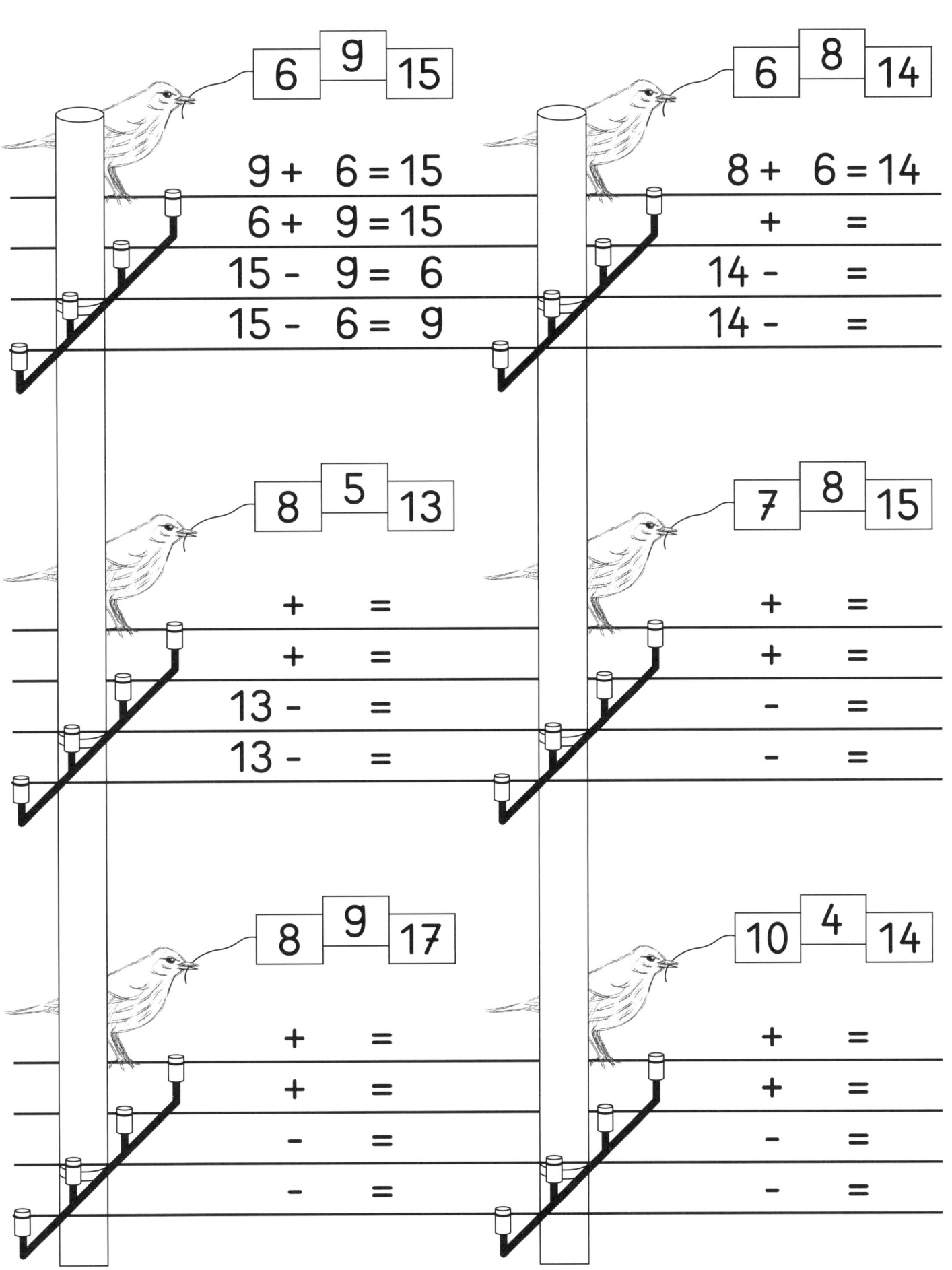

6 | 9 | 15

9 + 6 = 15
6 + 9 = 15
15 - 9 = 6
15 - 6 = 9

6 | 8 | 14

8 + 6 = 14
 + =
14 - =
14 - =

8 | 5 | 13

 + =
 + =
13 - =
13 - =

7 | 8 | 15

 + =
 + =
 - =
 - =

8 | 9 | 17

 + =
 + =
 - =
 - =

10 | 4 | 14

 + =
 + =
 - =
 - =

Ich bin ein Roboter!

$7 + 5 = \boxed{1\ 2}$

$16 - 7 = \square$

$16 - 14 = \square$

$11 - 10 = \square$

$18 - 12 = \square$

$19 - 6 = \square$

$15 - 8 = \square$

$16 - 13 = \square$

$20 - 12 = \square$

$6 + 8 = \square$

$19 - 9 = \square$

$19 - 8 = \square$

$14 - 9 = \square$

$12 - 8 = \square$

		0		12		
		9			2	
		17	1	20		
6	13			7	3	8
14			10	16	11	
	18	5	19	4		15

Schwierige Subtraktionsaufgaben

Das Hunderterfeld

1	2	3	4	5	6	7	8	9	10
11	12	13	14	15	16	17	18	19	20
21	22	23	24	25	26	27	28	29	30
31	32	33	34	35	36	37	38	39	40
41	42	43	44	45	46	47	48	49	50
51	52	53	54	55	56	57	58	59	60
61	62	63	64	65	66	67	68	69	70
71	72	73	74	75	76	77	78	79	80
81	82	83	84	85	86	87	88	89	90
91	92	93	94	95	96	97	98	99	100

Lies leise alle Zahlen!

Welche Zahlen fehlen?

1		3			6	7		9	10
11	12		14	15		17	18	19	20
21	22	23		25	26	27	28		30
	32	33	34		36	37		39	40
41	42	43			46	47	48		50
51		53		55	56		58	59	60
61	62		64	65	66	67		69	70
71	72	73	74		76	77	78	79	80
81		83	84	85	86	87		89	90
	92	93		95		97	98	99	100

Schreibe alle grauen Zehnerzahlen auf!

10									100

Das Hunterfeld / Zehnerzahlen

Zahl	3	5	7	4	6	9	2	10
Das Doppelte								

$8 + 6 =$ ☐ $12 - 4 =$ ☐

$4 + 9 =$ ☐ $13 - 7 =$ ☐

$5 + 7 =$ ☐ $14 - 9 =$ ☐

$7 + 8 =$ ☐ $11 - 4 =$ ☐

$7 +$ ☐ $= 13$ $11 -$ ☐ $= 7$

$6 +$ ☐ $= 11$ $13 -$ ☐ $= 9$

$8 +$ ☐ $= 15$ $15 -$ ☐ $= 7$

Zahl	6	4	18	8	16	10	12	20
Die Hälfte								

Ich zeige, was ich kann!

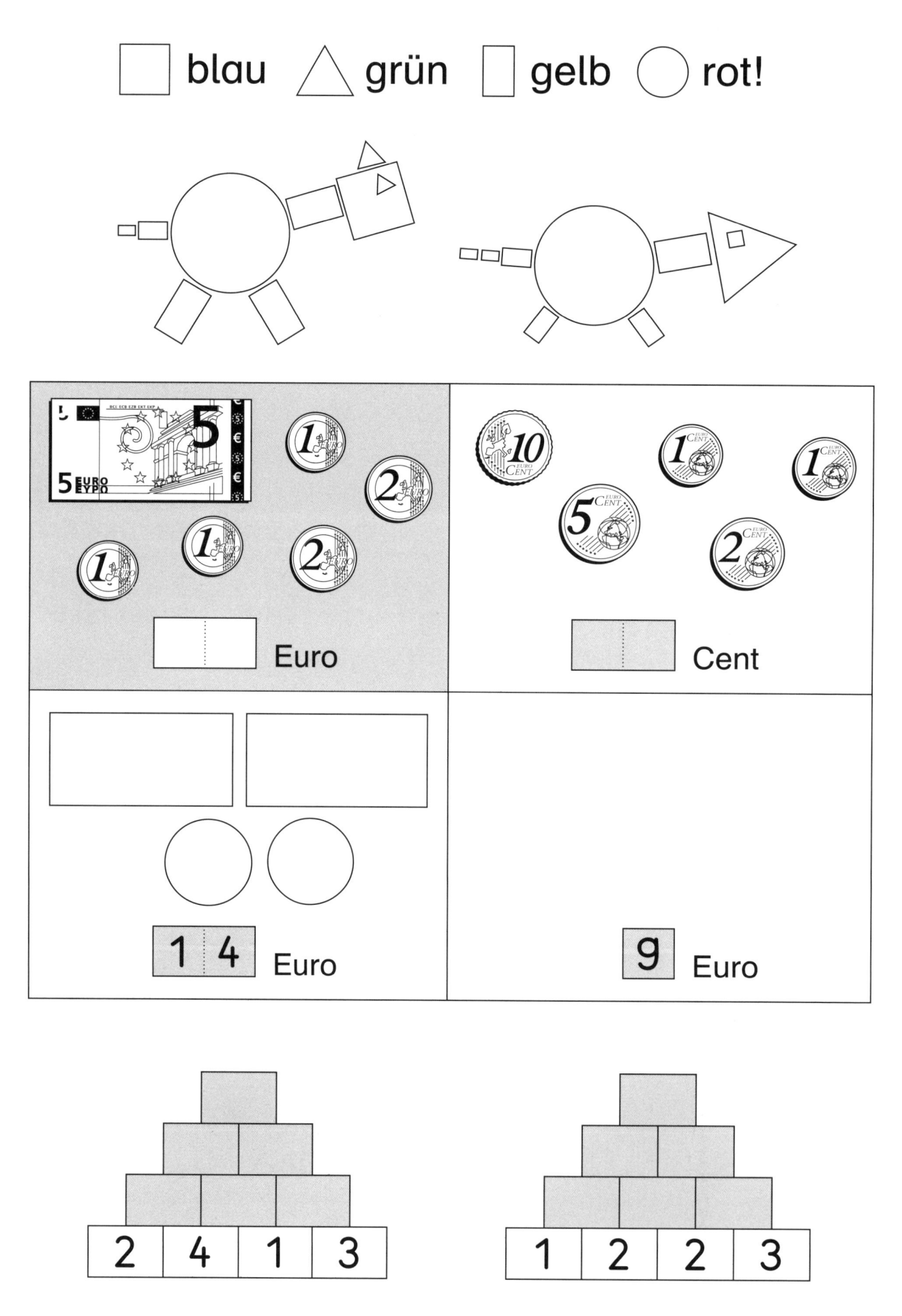

□ blau △ grün ▯ gelb ◯ rot!

___ Euro

___ Cent

1 : 4 Euro

9 Euro

| 2 | 4 | 1 | 3 |

| 1 | 2 | 2 | 3 |

Lernzielübersicht · Zweite Seite